BEI GRIN MACHT SICH IHR WISSEN BEZAHLT

Stefan Wrobel

Aus der Reihe: e-fellows.net stipendiaten-wissen

e-fellows.net (Hrsg.)

Band 451

Statische Codeanalyse und Werkzeuge

GRIN Verlag

Bibliografische Information der Deutschen Nationalbibliothek:

Die Deutsche Bibliothek verzeichnet diese Publikation in der Deutschen National-
bibliografie; detaillierte bibliografische Daten sind im Internet über http://dnb.d-
nb.de/ abrufbar.

Impressum:

Copyright © 2010 GRIN Verlag GmbH
Druck und Bindung: Books on Demand GmbH, Norderstedt Germany
ISBN: 978-3-656-92826-3

Dieses Buch bei GRIN:

http://www.grin.com/de/e-book/195625/statische-codeanalyse-und-werkzeuge

Statische Codeanalyse und Werkzeuge

Stefan Wrobel,

Seminar IT-Anwendungen, SS2010
Hochschule Offenburg

Abstract

Statische Codeanalyse ist ein Testverfahren, das vor allem in sicherheitskritischen Bereichen, aber auch bei weniger kritischen Anwendungen eingesetzt wird. Dieses Paper ist in zwei Teile gegliedert. Der Erste Teil (Abschnitt 2-3) befasst sich mit statischer Codeanalyse im Allgemeinen. Nach einer Einordnung und Abgrenzung zu anderen Testverfahren werden verschiedene Analysetypen vorgestellt. Der zweite Teil (Abschnitt 4-5) befasst sich mit Werkzeugen, die eingesetzt werden können, um eine statische Codeanalyse durchzuführen. Nachdem in Abschnitt 4 verschiedene Anforderungen an Tools festgelegt werden, findet in Abschnitt 5 ein Vergleich mehrerer Tools statt.

1 Einleitung

Fehler im Quellcode während der Entwicklungsphase eine Softwareprojekts sind unvermeidbar. Aber gerade in sicherheitsrelevanten Systemen, beispielsweise in der Medizin oder der Flugsicherung, spielt die Stabilität und Robustheit von Software eine extrem wichtige Rolle. Fehlerhafte Software führt im schlimmsten Fall zum Tod von Menschen, wird aber in jedem Fall zu Imageverlust des Herstellers und hohen Kosten führen. Daher ist es wichtig, Fehler in Software möglichst früh zu entdecken und zu beseitigen. Eine Möglichkeit, um Fehler zu entdecken, ist die statische Codeanalyse. Mit Hilfe der statischen Codeanalyse ist es möglich, auch Fehler zu entdecken, die während der Laufzeit nur selten oder in bestimmten Zuständen auftreten. Dazu gehören beispielsweise Null-Pointer-Dereferenzierungen, Buffer-Over- und Underflows, Race Conditions und so weiter.

2 Einordnung

Grundsätzlich unterschiedet man zwischen dynamischen und statischen Testverfahren. Bei dynamischen Testverfahren wird die Funktionalität unter Ausführung von Code getestet. In diese Kategorie fallen beispielsweise Unit- und Funktionstests. In die Kategorie der statischen Testverfahren dagegen fallen beispielsweise manuelle Reviews und die statische Codeanalyse (vgl. [Fis10] [Lis08]). Statisch heißt dabei, dass das Programm nicht ausgeführt wird, sondern die Prüfung nur anhand des Quelltextes stattfindet.

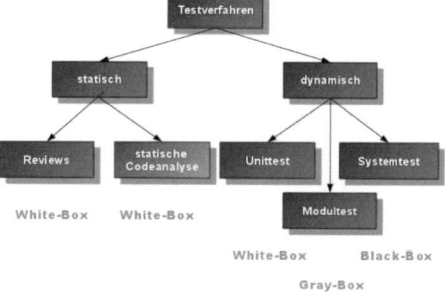

Unter statischer Codeanalyse versteht man das Anwenden eines Regelsatzes auf den Quellcode eines Programms (vgl. [Lig09], S.270). Da der Quelltext dem Regelsatz unterzogen wird, ist statische Codeanalyse außerdem als White-Box-Testverfahren einzustufen. Die nachfolgende Grafik veranschaulicht den prinzipiellen Vorgang der statischen Codeanalyse:

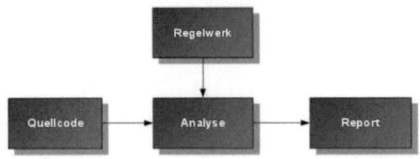

Liegt der Regelsatz bereits vor, so ist die statische Codeanalyse eine relativ simple Aufgabe. Selbstverständlich kann die statische Codeanalyse manuell von einem Prüfer durchgeführt werden. Bei umfangreichen Programmen würde dies aber viel zu viel Zeit in Anspruch nehmen. Viel effizienter ist es, diese Aufgabe Tools zu überlassen, sodass nur noch die von diesen Tools erzeugten Reports von Hand analysiert werden müssen.

Statische Codeanalyse hat den Vorteil, dass sie bereits durchgeführt werden kann, bevor das Programm fertiggestellt ist. Fehler werden daher recht früh entdeckt. Dies ist meistens billiger, als diesen Fehler durch Schreiben aufwendiger Testfälle in späteren Phasen zu finden (vgl. [And08a]). Statische Codeanalyse kann sogar dabei helfen, gute Testfälle für dynamische Tests zu entwickeln. Wird mittels statischer Codeanalyse ein Fehler gefunden, dann kann dieser Fehler verbessert werden und ein Testfall spezifiziert werden, der diesen Fehler in Zukunft abdeckt. Dies kann eine Zeitersparnis gegenüber der klassischen Äquivalenzklassenbildung und Grenzwertanalyse darstellen (vgl. [And08b] [Lis08]).

Wenn es um das Testen von Funktionalität geht, stößt die statische Code jedoch bald an seine Grenzen. Soll eine Funktion den Flächeninhalt eines Kreises anhand des Radius berechnen und wird tatsächlich aber der Umfang berechnet, so wird der Fehler durch statische Codeanalyse nicht gefunden. (vgl. [And08b])

3 Analysetypen

Zur statischen Codeanalyse gehören eine Reihe verschiedener Arten von Analysen mit unterschiedlichen Zielsetzungen. Die wichtigsten davon werden in diesem Abschnitt kurz erläutert.

3.1 Syntaxanalyse

Bei der Syntaxanalyse wird der Quellcode gegen Syntax- und Grammatikregeln geprüft. Tools, die eine Syntaxanalyse durchführen, sind Compiler und Interpreter. Die Syntaxanalyse findet dabei bei jedem Compilerdurchlauf statt. Wird ein Fehler entdeckt, so wird

eine Fehlermeldung erzeugt und der Compiliervorgang wird abgebrochen. (vgl. [Hof08], S.272)

3.2 Stilanalyse

Bei der Stilanalyse kommen Regelwerke zum Einsatz, die den Programmierstil betreffen. Zum einen können dies beispielsweise firmeninterne Coding-Style-Guides sein. Dadurch wird der Code innerhalb einer Firma einheitlich gehalten und ist somit einfacher zu lesen bzw. zu warten. Zum anderen können es aber auch Programmiersprachenspezifische Richtlinien sein. Ziel dieser Richtlinien ist es, unsichere Programmierkonstrukte zu vermeiden (vgl. [Lig09], S.271). Beispiele für solche Standards sind Misra C oder JSF C++ (vgl. [And08a]). In vielen sicherheitskritischen Bereichen von Software in eingebetteten Systemen ist die Einhaltung solcher Standards sogar vorgeschrieben (vgl. [Wik10b]).

Nachfolgend soll ein kurzes Beispiel für verschiedene Coding-Styles gezeigt werden:

```
if ( /*...*/ )
{
    /* Anweisung */
}
else
{
    /* Anweisung */
}
```

```
if ( /*...*/ ) {
    /* Anweisung */
} else {
    /* Anweisung */
}
```

Während viele Programmierer die erste Variante aufgrund der besseren Übersichtlichkeit bevorzugen, schreiben die Sun Code Conventions [Sun95] die zweite Variante vor.

Das folgende Codestück zeigt ein Beispiel für ein unsicheres Programmierkonstrukt in C/C++:

```
if ( i = a ) { /* Anweisung */ }
```

Es ist unklar, ob die Zuweisung beabsichtigt war, oder ob stattdessen ein Vergleich der beiden Variablen stattfinden sollte. Im ersten Fall wäre es also besser, die Zuweisung vor dem if-Konstrukt zu platzieren (vgl. [Wik10b]):

```
i = a
if ( i ) { /* Anweisung */ }
```

War ein Vergleich beabsichtigt, so ist entsprechend folgende Version richtig:

```
if ( i == a ) { /* Anweisung */ }
```

3.3 Kontrollflussanalyse

Bei der Kontrollflussanalyse wird der Programmablauf analysiert. Dabei werden beispielsweise Codefragmente gefunden, die in der Programmausführung niemals erreicht werden können. Nachfolgend ein Beispiel:

```
if ( /*...*/ ) {
    return 1
} else {
    return 2
}
return 0 /* wird nie erreicht */
```

Die letzte Zeile wird niemals erreicht. Oftmals erkennen bereits Compiler solche Fehler (zum Beispiel der Java-Compiler javac). Solcher Code führt nicht zwangsläufig zu Fehlern. Jedoch ist mit hoher Wahrscheinlichkeit davon auszugehen, dass der Programmierer dieses Fragments einen anderen Programmablauf beabsichtigt hatte (vgl. [Hof08], S.313).

3.4 Datenflussanalyse

Bei der Datenflussanalyse wird der Zustand einer Variablen entlang eines Pfades betrachtet. Dazu wird zunächst ein Graph des Programms (bzw. einer Funktion) gebildet, der sämtliche Pfade beinhaltet. Anschließend wird festgehalten, welche Aktionen entlang jedes Pfades mit dieser Variablen durchgeführt werden. Dabei kann man zwischen vier verschiedenen Aktionen unterscheiden (vgl. [Lig09], S.293ff):

- d: Definition (Wertzuweisung) der Variablen
- r: referenzieren (lesen) der Variablen
- u: undefinieren der Variablen (beispielsweise beim Verlassen einer Funktion bei einer lokalen Variablen, oder nach der Deklaration, wenn noch keine Wertzuweisung stattgefunden hat)
- -: es findet keine Aktion statt

In den dadurch entstandenen Zugriffssequenzen können verschiedene Muster auftauchen, die auf Fehler hinweisen:

- dd: es finden unmittelbar hintereinander zwei Zuweisungen einer Variablen statt
- du: nach einer Zuweisung wird die Variable undefiniert
- ur: eine Variable, die nicht definiert ist, wird verwendet

Die ersten beiden Muster müssen nicht zwangsweise Fehler sein, sondern können auch Absicht gewesen sein. Ein ur-Fehler dagegen ist fast immer ein Fehler

und führt bei Programmausführung unter Umständen sogar zum Absturz. (vgl. [Hof08], S.315ff)

Nachfolgend ein beispielhafter Graph einer Funktion:

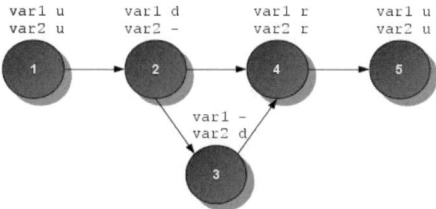

Man erkennt, dass es hier zwei mögliche Pfade gibt. Für $var1$ lassen sich folgende Sequenzen aufstellen:

- 1-2-4-5: u d r u
- 1-2-3-4-5: u d - r u

Entsprechend für $var2$:

- 1-2-4-5: u - r u
- 1-2-3-4-5: u - d r u

Bei $var1$ taucht bei keinem der beiden Pfaden eines oder oben genannten Muster auf. Dagegen erkennt man bei $var2$ im ersten Pfad das ur-Muster - es wird also auf $var2$ zugegriffen, ohne dass zuvor ein Wert zugewiesen wurde. Hier liegt offenbar ein Fehler vor.

4 Anforderungen an Werkzeuge

Die Durchführung einer statischen Codeanalyse ist meistens sehr aufwendig. Daher werden zu diesem Zweck Werkzeuge (Tools) eingesetzt. Diese Werkzeuge führen eine oder mehrere in Abschnitt 3 vorgestellten Analysen durch und generieren Reports. Die Reports müssen anschließend von Hand durchgesehen werden. Dabei gibt es Anforderungen, die diese Tools erfüllen sollten. Die wichtigsten davon werden in diesem Abschnitt dargestellt.

4.1 Umfang der Analyse

Um eine große Anzahl an Fehlern zu finden, müssen möglichst viele bzw. effektive Analysen durchgeführt werden. Ältere Werkzeuge führen oftmals nur eine Stilanalyse durch. Dadurch wird zwar auch eine gewisse Anzahl an potentiellen Fehlern gefunden, längst aber nicht so viele wie mit zusätzlicher Daten-/Kontrollflussanalyse (vgl. [And08a]). Andererseits kann eine Prüfung, ob der Quellcode beispielsweise

3

die Misra C Richtlinien einhält, die Qualität des Quellcodes bescheinigen. Dies ist in einigen sicherheitskritischen Bereichen Vorschrift. Des Weiteren kann es nützlich sein, wenn das Tool Informationen über Zusammenhänge von Klassen, Funktionen etc. ermittelt und gegebenenfalls graphisch darstellt.

4.2 Zuverlässigkeit

Werkzeuge, die statische Codeanalyse durchführen, nehmen dem Tester einen großen Zeitaufwand ab. Trotzdem kostet es einige Zeit, die Ergebnisse von Hand durchzuschauen und zu analysieren, welche der gefundenen Fehler tatsächlich Fehler sind, und welche davon getrost ignoriert werden können. Je nach Umfeld kann beispielsweise eine Warnung über eine unbenutzte Variable vernachlässigt werden. Sie stellt kein potentielles Sicherheitsrisiko dar (vgl. [JA08]).

Ein großes Problem stellen sogenannte *false positives* (falsch-positive Meldungen) dar. *False positives* sind Meldungen über Fehler, die eigentlich keine Fehler sind. Grundsätzlich lassen sich solche Falschmeldungen nicht vermeiden (vgl. [JA08]). Generiert das Tool jedoch zu viele Falschmeldungen, so sinkt die Effektivität, da viel Zeit investiert werden muss, um echte Fehler von falschen zu unterscheiden. Logischerweise steigt damit auch die Gefahr, kritische Fehler zu übersehen (vgl. [Qui08]). Daher versucht man, die Anzahl der *false positives* zu verringern, indem man bestimmte Fehlertypen von vornherein per Konfiguration ausschließt.

Umgekehrt gibt es auch *false negatives*. Dies sind Fehler, die zwar im Quellcode existieren, aber nicht gefunden werden. Selbstverständlich sollte die Anzahl von *false negatives* daher möglichst gering gehalten werden.

4.3 Reports

Um eine effektive Auswertung der Ergebnissen statische Codeanalyse zu gewährleisten, müssen die Reports in einem geeigneten Format vorliegen. Wichtig ist vor allem die Übersichtlichkeit des Reports. Das Filtern nach bestimmten Fehlertypen, Navigierbarkeit, farbliche Hinterlegung von Quellcode oder geeignete Zusammenfassungen sind hier zu nennen. Darüber hinaus ist es wichtig, dass die generierten Reports in verschiedene Ausgabeformate, beispielsweise HTML, CSV oder PDF, exportiert werden können. Dadurch wird eine Integration in vorhandene Systeme bzw. eine Weiterverarbeitung der Daten vereinfacht. Wünschenswert sind außerdem Graphen und Diagramme

über die Zusammenhänge verschiedener Klassen und Funktionen sowie Statistiken.

4.4 Performanz

Die Kosten für die Anschaffung solcher Tools für statische Codeanalyse sind hoch. Um diesen Preis zu rechtfertigen, muss das Tool eine hohe Performanz darbieten. Zum einen gehört dazu, dass die *false negative*-Rate möglichst gering gehalten wird, um den Zeitaufwand für die Durchsicht der Reports gering zu halten. Zum anderen sollte die Dauer der Analyse an sich selbst bei Quellcode mit einem Umfang von mehreren Millionen Zeilen überschaubar sein. Um die Dauer der Analyse zu verkürzen, sollte es auch möglich sein, die Analyse auf bestimmte Analysetypen und einzelne Codeteile zu beschränken.

5 Vergleich verschiedener Werkzeuge

Nachdem in den ersten Abschnitten ein Überblick über die statische Codeanalyse gegeben wurde, werden in diesem Abschnitt zunächst einige Werkzeuge kurz vorgestellt und anschließend nach den in Abschnitt 4 dargestellten Kriterien verglichen.

5.1 Überblick

Die Werkzeuge, die nachfolgend verglichen werden, sind Coverity, Polyspace, CodeSonar, Klocwork und QA-C/C++.

Das Tool **Coverity** existiert in drei Varianten, nämlich für C/C++, Java und C#. Die beiden erstgenannten Versionen sind unter Linux, Windows und Mac OS X (und weiteren Betriebssystemen) lauffähig, die Version für C# nur unter Windows. (vgl. [Inf10])

Das Programm **PolySpace** von MathWorks ist unter Windows, Linux und Solaris lauffähig. Es kann für die Programmiersprachen C, C++ und Ada eingesetzt werden. (vgl. [Pol10])

GrammarTechs Tool **CodeSonar** kann für C/C++ eingesetzt werden und ist besonders für den Einsatz bei Software für eingebettete Systeme konzipiert. Unterstützte Plattformen sind Linux, Mac OS X, Solaris sowie Windows (vgl. [Gra10a]).

Klocwork kann für C, C++, Java sowie C# verwendet werden. Das Tool läuft unter diversen Betriebssystemen, darunter Linux, Windows und Solaris. Klocwork ist in drei verschiedenen Versionen mit unterschiedlichem Funktionsumfang erhältlich, nämlich InsightPro, Insight und Solo, wobei die Version Solo nur als Eclipse-Plugin für Java existiert. (vgl. [Ins10])

Das Tool **QA-C/C++** von Programming Research ist laut [Wik10c] das älteste kommerzielle Tool zur statischen Codeanalyse. Es existieren Produkte für drei Programmiersprachen von Programming Research: QA-C für C, QA-C++ für C++ und QA-J für Java. Außerdem existieren noch Module für die Überprüfung auf die Einhaltung bestimmter Coderichtlinien. Die Programme sind verfügbar für Windows, Linux und Unix Plattformen. (vgl.[QS10, Res10])

5.2 Umfang der Analyse

Coverity besitzt eine Vielzahl von Analyse-Engines. Die wichtigsten vier davon sind nachfolgend aufgezählt: Die *Path Flow Engine* analysiert sämtliche Pfade des Quellcodes. Die *Statistical Engine* spürt bestimme Verhaltensmuster auf, die auf Fehler hinweisen. Mittels der *False Path Engine* wird nicht ausgeführter Code aufgespürt. Dadurch soll die *false positives*-Rate verringert und die Performanz der Analyse erhöht werden, da diese Codestücke nicht weiter untersucht werden müssen. Die *Interprocedural Summary Engine* überprüft sämtliche *Call-Chains* von Funktionen, so wie sie später bei der Programmausführung auftreten. (vgl. [Cov10, Abschnitt Analysis Engine]) Das Tool erlaubt es außerdem, selbst definierte Regeln für Fehler festzulegen. Dadurch ist es möglich, den Quellcode auch auf Coderichtlinien, wie zum Beispiel Misra, prüfen zu lassen. (vgl. [Cov10, Abschnitt Coverity Overview])

PolySpace führt eine vollständige, interprozedurale Daten- und Kontrollflussanalyse durch. Vollständig heißt dabei, dass der gesamte Code untersucht wird. Durch die Interprozedurale Analyse können Beziehungen über verschiedene Funktionen hinweg betrachtet werden. PolySpace unterstützt bereits "out-of-the-box" das Überprüfen auf die Einhaltung der Coderichtlinien Misra C sowie JSF++. Eigene Regeln können dagegen nicht definiert werden. (vgl. [EN08])

Auch **CodeSonar** führt eine vollständige, interprozedurale Daten- und Kontrollflussanalyse durch (vgl. [Gra10a]). Das Tool kennt drei verschiedene Fehlerkategorien: Falscher Gebrauch der Programmiersprache (beispielsweise Null-Pointer-Dereferenzierung, Buffer-Overflow usw.), Falscher Gebrauch von APIs (beispielsweise der Aufruf von accept() auf einen Socket, wenn dieser nicht im entsprechenden Zustand ist) und selbst definierte

Fehler. Das definieren von eigenen Fehlern geschieht über eine C API (vgl. [Gra10a, Gra10b]). Das Überprüfen auf Coderichtlinien ist dagegen nicht möglich.

Klocwork führt mit seiner Engine "Truepath" eine Daten- und Kontrollflussanalyse durch. Fehler können über mehrere Funktionen hinweg gefunden werden. Des Weiteren wird mittels symbolischer Ausführung versucht, das Laufzeitverhalten des Codes zu ermitteln (vgl. [Ins10]). Dabei werden auch Pfade im Programmfluss entdeckt, die nicht ausgeführt werden können. Neuerdings (s. [mar10]) lässt sich der Quellcode mit Klocwork auch auf die Einhaltung der Misra-Coderichtlinien überprüfen. Auch das definieren eigener Regeln ist möglich.

QA-C/C++ findet Fehler durch semantische Analyse und Datenflussanalyse. Auch das definieren eigener Fehler ist möglich. Programming Research liefert außerdem eine Reihe von Modulen, um den Code hinsichtlich den Coderichtlinien Misra-C/C++, JSF C++ und HIC++ zu prüfen. Es kann auch nur eine Teilmenge eines Regelsatzes ausgewählt werden. (vgl.[Res10])

5.3 Zuverlässigkeit

Coverity hat eine sehr geringe *false positives*-Rate. Laut Angaben des Herstellers hat Coverity mit durchschnittlich 15% (vgl. [Inf10]) sogar die geringste *false positives*-Rate aller am Markt erhältlichen Werkzeuge. Gibt es im Code Pfade, die nicht ausgeführt werden, so werden diese nicht in die Analyse miteinbezogen (vgl.[Cov10, Abschnitt Coverity Overview]).

Polyspace verfolgt den Ansatz zu beweisen, dass bestimmte Codeteile fehlerfrei oder fehlerbehaftet sind. Diese Teile werden in der Auswertung grün beziehungsweise rot unterlegt. Teile des Codes, die zwar möglicherweise, aber nicht unbedingt, Fehler enthalten könnten, werden orange unterlegt. Dadurch ist es schwierig, die Rate der *false positives* anzugeben, denn so gesehen existieren solche in Polyspace nicht (Code, der rot unterlegt ist, ist definitiv fehlerbehaftet). Andererseits ist natürlich der Anzahl von orangem Code verhältnismäßig hoch. Laut [EN08] tauchen bei 50.000 Zeilen Quellcode zwischen 400 und 8000 orange markierte Warnungen auf. Über verschiedene Genauigkeitslevel kann die Anzahl der orange hinterlegten Zeilen zwar verringert werden, dies geht jedoch auf die Kosten der Performance. (vgl. [EN08])

GrammarTech selbst behauptet, dass **CodeSonar** eine geringe *false positives*-Rate hat (vgl. [Gra10a]). Evaluationen zeigen, dass etwa ein Drittel aller gefundenen

Fehler *false positives* sind (vgl. [GLS⁺07], S. 4). Wird fälschlicherweise ein Fehler gemeldet, der keiner ist, so kann dieser Fehler in Zukunft unterdrückt werden und die Anzahl der *false positives* damit gesenkt werden (vgl. [Gra10b]).

Klocwork hat laut [EN08] eine ähnlich geringe, aber leicht höhere *false positives*-Rate als Coverity. Auch *false negatives* können auftauchen. Die Rate der *false negatives*, also Fehler, die nicht gefunden werden, ist aber abhängig von der Qualität des Quellcodes und kann daher nicht genau angegeben werden. (vgl. [EN08])

Für **QA-C/C++** konnten keine genauen Angaben recherchiert werden.

5.4 Reports

Der Defektmanager von **Coverity** erlaubt es, gefundene Fehler tabellarisch aufzulisten und nach bestimmten Filtern einzuschränken. In dieser Übersicht werden beispielsweise die Fehlerart, der Status und die Datei, in dem der Fehler auftritt, angezeigt. Außerdem ist es möglich, den Quellcode zu betrachten. Fehlerhafte Zeilen werden farblich hervorgehoben. Bei Funktionsaufrufen lässt sich die aufgerufene Funktion "aufklappen". Die Reports lassen sich unter anderem nach XML, CSV und HTML exportieren. (vgl. [Cov10, Abschnitt Defektmanager])

PolySpace präsentiert seine Ergebnisse mit seiner „Viewer"-Komponente. Anders als die anderen vorgestellten Tools zeigt PolySpace jedoch nicht die einzelnen Fehler an. Stattdessen werden im Quellcode Markierungen in vier verschiedenen Farben (grün, orange, rot, grau) vorgenommen. Bei grün hinterlegtem Code handelt es sich im Code, der zu 100% fehlerfrei ist. Roter Code ist fehlerbehaftet. Ist ein Codestück grau hinterlegt, so ist es unerreichbar. Orangefarbener Code kann fehlerhaft sein, muss es nicht. Zusätzlich zum Quellcode listet PolySpace außerdem unter anderem sämtliche Funktionen mit den eben genannten farblichen Hinterlegungen auf, zeigt Informationen zu globalen Variablen und einen Funktionsaufrufgraphen an. Der PolySpace Report Generator kann verschiedenartige Reports generieren, beispielsweise *Coding Rules Reports* (wurden die Misra C Regeln eingehalten?) oder *Quality Reports* (Statistiken, Graphen). Ausgabeformate sind HTML, PDF, RTF, DOC und XML. (vgl. [Pol10])

Die von **CodeSonar** gefundenen Fehler können über ein Webfrontend betrachtet werden. CodeSonar listet zu jedem Projekt gefundene Fehler tabellarisch auf und zeigt für jeden Fehler unter anderem eine ID, die Datei und die Zeile, in der der Fehler auftritt, die Fehlerklasse, einen Rang (empfohlene Reihenfolge, in der die Fehler durchgeschaut werden sollen), die Priorität und den Status an. Klickt man eine Zeile dieser Tabelle an, so wird zur entsprechenden Stelle im Code gesprungen, wo der fehlerhafte Code farblich hinterlegt ist. Das Suchen nach bestimmten Fehlern sowie das generieren von graphischen Zusammenfassungen sind möglich. Ein Export des Reports ist nach HTML, XML und CSV möglich. (vgl. [Gra10a, Gra10b])

Klocwork listet gefundene Fehler mittels des Moduls "Review" über ein Webfrontend tabellarisch auf. Dabei werden unter anderem der Status, die Datei, in der der Fehler auftritt, die Zeile in dieser Datei und die Art des Fehlers angezeigt. Über Filter ist es möglich, nach bestimmten Fehlern zu suchen. Das Modul "Architect" erlaubt es außerdem, Zusammenhänge im Programm, Programmfluss, Hierarchien usw. graphisch zu betrachten. Als Ausgabeformate für einen Export stehen XML und CSV zur Auswahl. (vgl. [Ins10])

Die mit **QA-C/C++** gefundenen Fehler können im Modul "Message Browser" betrachtet werden. Am linken Rand können die Fehler tabellarisch, beispielsweise nach Fehlerart oder Datei gruppiert, aufgelistet werden. Klickt man auf einen Fehler, so erscheint im Hauptfenster der entsprechende Codeausschnitt. Außerdem können verschiedene Reports (Zusammenfassungen, Statistiken) als PDF oder HTML generiert werden. (vgl.[Res10])

5.5 Performanz

Wie bereits in Abschnitt 5.2 beschrieben wurde, erhöht **Coverity** seine Performanz, indem nicht ausgeführter Quellcode nicht untersucht wird. Die Performanz kann außerdem erhöht werden, indem die Untersuchung auf bestimme Analysen sowie auf bestimmte Codeteile beschränkt wird. Laut [Inf10] analysiert Coverity einige Millionen an Zeilen in einem Zeitraum von mehreren Stunden. Coverity unterstützt außerdem inkrementelle Analyse. Das heißt, dass das Programm nur beim ersten Mal vollständig untersucht wird. Bei darauf folgenden Analysen werden jedoch nur Codeteile untersucht, die entweder geändert oder neu hinzugefügt wurden. (vgl. [EN08])

Je nach eingestelltem Genauigkeitslevel kann **PolySpace** mit 1000 bis einer Millionen Zeilen Quellcode umgehen. Bei einem zu geringen Genauigkeitslevel erhöht sich die Anzahl des orange hinterlegten Codes jedoch drastisch. Bei den standardmäßigen

Einstellungen ist PolySpace für gerade mal etwa 50.000 Zeilen Code brauchbar. Größere Programme sollten daher Stück für Stück analysiert werden. (vgl. [EN08])

Das Tool **CodeSonar** kann für Programme von über zehn Millionen Zeilen verwendet werden (vgl. [Gra10a]). Die Evaluation [GLS$^+$07] zeigt, dass CodeSonar durchschnittlich 1.75 reale Fehler pro Minute findet. Für ein Programm mit 941 Zeilen benötigt CodeSonar dort eine halbe Minute, für ein anderes Programm mit einer halben Million Codezeilen etwa fünfeinhalb Stunden. Nach [Gra10a], S. 7 beherrscht CodeSonar die Fähigkeit, ein Programm inkrementell zu analysieren. Dadurch dauert die Analyse beim ersten Mal vergleichsweise lange, bei den darauf folgenden Analysen verringert sich die Dauer jedoch.

Klocwork benötigt ähnlich lange für eine Analyse wie Coverity. Laut [EN08] analysiert das Tool einen Quellcode mit mehreren Millionen Zeilen über Nacht. Selbstverständlich kann auch hier optimiert werden, indem nicht das gesamte Programm, sondern nur einzelne Dateien analysiert werden. Auch Klocwork unterstützt inkrementelle Analyse.

QA-C/C++ unterstützt nach [Res10] inkrementelle Analyse und ist auch für größere Programme geeignet. Konkrete Angaben für die Dauer einer Analyse konnten nicht recherchiert werden.

6 Fazit

Statische Codeanalyse ist eine geeignete Methode, um kritische Fehler bereits früh zu finden. Gerade in sicherheitskritischen Bereichen ist der Einsatz von Tools, die eine statische Codeanalyse durchführen, nicht wegzudenken. Doch auch in weniger kritischen Bereichen kann sich der Einsatz solcher Tools bereits lohnen. Alan Turing bewies mit dem Halteproblem bereits 1936, dass es keinen allgemeingültigen Algorithmus gibt, der für einen anderen Algorithmus entscheidet, ob er terminiert (vgl. [Kur09]). Dennoch sind aktuelle Generationen von Tools für statische Codeanalyse dabei, dieses Problem immer effizienter zu lösen.

Literatur

[And08a] Paul Anderson. Detecting bugs in safety-critical code. *Dr. Dobb's Journal*, March 2008.

[And08b] Paul Anderson. Static static vs. dynamic detection of bugs in safety-critical code. *Embedded Technology*, March 2008.

[Cov10] Coverity. http://www.verifysoft.com/de_coverity_main.html, May 2010.

[CW07] Brian Chess and Jacob West. *Secure Programming with Static Analysis*. Addison-Wesley, 2007.

[EN08] Par Emanuelsson and Ulf Nilsson. A comparative study of industrial static analysis tools, 2008.

[Fis10] Daniel Fischer. Skript software qualitätssicherung. *Skript Software Engineering 2*, 2010.

[GLS$^+$07] Vishal Garg, Sean Lao, Xiang Shen, Guo-Shiuan Wang, Pengfei Zhao, and Bradley Wilson. Analysis tool evaluation: Grammatech codesonar, April 2007.

[Gra10a] GrammaTech. Grammatech codesonar datasheet, April 2010.

[Gra10b] GrammaTech. Overview of grammatech static-analysis technology, 2010.

[Hof08] Dirk Hoffmann. *Software-Qualität*. Springer, 2008.

[Inf10] Coverity Static Analysis Product Information. http://www.coverity.com/library/pdf/coveritystaticanalysis.pdf, May 2010.

[Ins10] Klocwork Insight. http://www.klocwork.com/products/insight/, May 2010.

[JA08] Roul Jetley and Paul Anderson. Using static analysis to evaluate software in medical devices. *Embedded Systems Design*, April 2008.

[jk07] jk. Ein tool, das den überblick behält. *Elektronik*, (31-32), 18/2007.

[Kur09] Andreas Kurtz. An der quelle. *iX*, page 40, February 2009.

[Lig09] Peter Liggesmeyer. *Software-Qualität*. Spektrum, 2 edition, 2009.

[Lis08] Frank Listing. Software-testmethoden: Was den code stark macht. *Elektronikpraxis*, pages 38–40, May 2008.

[mar10] marketwire.com. http://www.marketwire.com/press-release/ klocwork-announces-support-for-the-misra-coding-standards-1154239.htm, April 2010.

[Pol10] Polyspace.
         http://www.mathworks.com/products/
         polyspaceclientc/, May 2010.

[QS10]   QA-Systems.   http://www.qa-systems.de,
         May 2010.

[Qui08] Richard Quinnell.   Static analysis stomps
         on bugs. *EETimes*, March 2008.

[Res10] Programming   Research.
         http://www.programmingresearch.com,
         May 2010.

[She10] PolySpace   Data   Sheet.
         http://www.mathworks.com/mason/tag/
         proxy.html?dataid=11099&fileid=54109,
         May 2010.

[Sun95] Sun. http://java.sun.com/docs/codeconv/html/
         codeconventions.doc6.html#449, 1995.

[Wik10a] Wikipedia.   http://de.wikipedia.org/wiki/
         statische_code-analyse, April 2010.

[Wik10b] Wikipedia.
         http://de.wikipedia.org/wiki/misra-c,
         April 2010.

[Wik10c] Wikipedia.
         http://de.wikipedia.org/wiki/qa-c/misra,
         May 2010.